BEI GRIN MACHT SICH IHR
WISSEN BEZAHLT

- Wir veröffentlichen Ihre Hausarbeit,
  Bachelor- und Masterarbeit

- Ihr eigenes eBook und Buch -
  weltweit in allen wichtigen Shops

- Verdienen Sie an jedem Verkauf

Jetzt bei www.GRIN.com hochladen
und kostenlos publizieren

Gül Simsek

Konstantin der Große in der "Vita Constantini" Eusebius von Caesareas

GRIN Verlag

Bibliografische Information der Deutschen Nationalbibliothek:

Die Deutsche Bibliothek verzeichnet diese Publikation in der Deutschen National-
bibliografie; detaillierte bibliografische Daten sind im Internet über http://dnb.d-
nb.de/ abrufbar.

Impressum:

Copyright © 2012 GRIN Verlag GmbH
Druck und Bindung: Books on Demand GmbH, Norderstedt Germany
ISBN: 978-3-656-49288-7

Dieses Buch bei GRIN:

http://www.grin.com/de/e-book/231991/konstantin-der-grosse-in-der-vita-constan-
tini-eusebius-von-caesareas

GRIN - Your knowledge has value

Der GRIN Verlag publiziert seit 1998 wissenschaftliche Arbeiten von Studenten, Hochschullehrern und anderen Akademikern als eBook und gedrucktes Buch. Die Verlagswebsite www.grin.com ist die ideale Plattform zur Veröffentlichung von Hausarbeiten, Abschlussarbeiten, wissenschaftlichen Aufsätzen, Dissertationen und Fachbüchern.

Besuchen Sie uns im Internet:

http://www.grin.com/

http://www.facebook.com/grincom

http://www.twitter.com/grin_com

1. Einleitung

Das Jahr 312 spielt in der Forschungsgeschichte eine bedeutende Rolle. Der Sieg Kaiser Konstantins im Kampf gegen Maxentius an der Milvischen Brücke ist für viele Historiker ein Schlüsselereignis. Zeitgenössische Quellen berichten, dass der Kaiser durch göttlichen Beistand den Sieg errungen habe. Mit seiner Vision vor der entscheidenden Schlacht und dem darauf eingetretenen Erfolg habe der Kaiser beschlossen, von nun an keinen anderen Gott als den der Christen zu verehren.

Wenn man sich mit der Vision Konstantins vor der Schlacht beschäftigt, ist man mit einer Fülle an Schrifttum konfrontiert. Die meisten dieser Werke befassen sich mit zeitnahen Quellen, die eine genauere Untersuchung ermöglichen. Die Quelle des zeitgenössischen Autors Eusebius von Caesarea dient als Grundlage dieser Arbeit. In seiner *Vita Constantini* schreibt der Bischof von Caesarea über das Leben Konstantins und geht in den Kapiteln 28-32 in indirekter Rede auf die Himmelserscheinung des Kaisers ein.

Auffallend ist, dass Eusebius präzise Angaben über zahlreiche Ereignisse liefert, obwohl er selbst nicht Augenzeuge war. Dazu zählen insbesondere auch die Auseinandersetzung zwischen Konstantin und Maxentius und die Vision Konstantins. Einige Geschichtsforscher ziehen die Glaubwürdigkeit seiner Texte aus verschiedenen Gründen, die noch erläutert werden sollen, in Zweifel.[1]

Zunächst stelle ich den Kampf zwischen Konstantin und Maxentius dar, der am 28. Oktober 312 in Rom stattgefunden hat. Anschließend folgt eine kurze Biografie des Bischof Eusebius von Caesarea und eine Einführung in seine *Vita Constantini*. Dies ist erforderlich für die Erforschung seiner Motive, ein Buch über das Leben des Kaisers zu verfassen. Unter diesem Aspekt wird eine Aufklärung über das Bild Konstantins in seiner Schrift verschafft. Im Anschluss an die Biografie des Bischofs und seine Schrift stelle ich die Quelle vor und untersuche sie. Mit der Interpretation dieser Quelle tut sich die Forschung schwer, wie im folgenden Teil im Rahmen meiner Arbeit unter ausgewählten Punkten untersucht wird. Dazu gehören das Erscheinungsdatum der Schrift, die Widersprüchlichkeit mit einer älteren Schrift, die dem Ereignis zeitlich näher ist und die Inschrift auf dem Konstantinsbogen[2], der nach dem Sieg Konstantins vom Senat dem erfolgreichen Kaiser gewidmet wurde. Die Schlussbetrachtung fasst schließlich alle vorgestellten Punkte zusammen und beurteilt den Text des Eusebius.

---

1 Weber 2000, S. 275.
2 Anm.: Die Inschrift lautet „instinctu divinitatis", übersetzt von Hermann Dörries: „göttliche Lenkung", S. 284.

1

2. Der Bericht des Eusebius über die Vision Konstantins vor der Schlacht an der Milvischen Brücke

Wenn es der Forschung um die Untersuchung der Hinwendung Konstantins zum Christentum geht, geschieht dies immer auf der Grundlage antiker Quellen, die von den Visionen Konstantins berichten. Nun soll das zeitliche Geschehen wiedergegeben und die Erscheinung, die Kaiser Konstantin vor der namhaften Schlacht an der Milvischen Brücke gehabt habe, mittels der Quelle des Eusebius von Caesarea untersucht werden.

2.1. Die Schlacht an der Milvischen Brücke

Konstantin, der nach dem Tod von Galerius Anfang Mai 311 zusammen mit Maxentius, Maximinus Daia und Licinius einer der vier Herrscher über das römische Reich wurde, beherrschte hauptsächlich Gallien und Britannien.[3] Maxentius beherrschte Italien und Afrika, die die wichtigsten Teile des römischen Reiches waren. Er war ebenso wie Konstantin Sohn eines Kaisers. Im Jahr 312 stritten sich die beiden Kaiser im Westen um die Macht. Als sich Konstantin mit Licinius verbündete, erboste sich Maxentius derart, dass er Konstantin den Krieg erklärte. Konstantin zog mit seinen Truppen Richtung Italien gegen seinen Rivalen.[4] Nach der Konferenz in Carnuntum 308 wurde Maxentius zum Staatsfeind erklärt. Dies machte es Konstantin leichter, seinen Gegner zu schlagen. Maxentius hatte allerdings die Orte Segusio, Turin, Verona und Aquileia in Norditalien zu Festungen ausgebaut, so dass der Marsch Konstantins nach Rom zunächst nicht besonders siegessicher erschien. Maxentius war zudem auch mit etwa 100.000 Fußsoldaten dem Heer Konstantins mit 40.000 Mann überlegen.[5] Nachdem Konstantin die Städte Turin, Segusio und Verona nach Bedlagerung und Aushungerung erfolgreich einnehmen konnte, kam es zu der berühmten Schlacht an der Milvischen Brücke, aus der Konstantin als Sieger hervorging und Maxentius - wie mehrere seiner Soldaten - in den Fluten des Tiber ertrank.[6] Nach seinem Sieg beschloss der Senat, Konstantin zum rangältesten Augustus zu erklären, der die Kontrolle der Reichsgesetzgebung und das Recht der Konsulernennung erhielt. Trotz der Unterzahl seiner Truppen besiegte Konstantin Maxentius. Die Vision Konstantins vor dem Kampf gegen Maxentius spielt an dieser Stelle eine sehr wichtige Rolle. Dem Kaiser sei am Himmel das christliche Schutzzeichen erschienen, welches als ein siegverheißendes Zeichen gedeutet wurde.[7]

---

3 Vogt 1949, S. 154.
4 Piepenbrink 2002, S. 28.
5 Vgl. Vogt 1949, S. 158.
6 Vgl. Vogt 1949, S. 158-159.
7 Girardet 2006, S. 75.

2.2. Eusebius von Caesarea und seine „Vita Constantini"

Eusebius wurde vermutlich kurz nach 260 in Palästina geboren und starb um das Jahr 340. Zu dem Presbyter[8] Pamphilus konnte er durch seine Ausbildung in Antiochia und Caesarea eine enge Verbindung finden. Möglicherweise wurde der junge Eusebius sogar von Pamphilus adoptiert und fügte später den Namen des Presbyters dem seinen hinzu.[9] Eusebius half ihm, die Bibliothek zu erweitern und die darin enthaltenen Texte für andere verfügbar zu machen. Im Jahr 308 oder 309 befand sich Pamphilus während der Christenverfolgung in Gefangenschaft. Während der Zeit der Gefangennahme schrieben die beiden Männer fünf Bücher und Eusebius schrieb ein sechstes Buch nach dem Tod des Presbyters.[10] Nachdem die diokletianische Verfolgung ihr Ende fand, wurde um 313 Eusebius zum Bischof von Caesarea gewählt. Heute wird Eusebius mit seinen zahlreichen Schriften zur Kirchengeschichte als „Vater der Kirchengeschichtsschreibung" gerühmt, da er mit seinen Schriften zur Kirchengeschichte die Nachwelt bis ins Detail über die Entwicklung der Kirche in der Zeit der Christenverfolgung informiert hat.[11] Seine nach dem Tod des Kaiser Konstantins, also in den Jahren zwischen 337 und 340[12], erschienene *Vita Constantini* gehört zu den wichtigsten zeitgenössischen Quellen zu Konstantin dem Großen. In dieser vier Bücher umfassenden Schrift berichtet Eusebius ausführlich über das Leben des Kaisers, feiert ihn als ersten christlichen Kaiser in der Geschichte Roms und stellt ihn als Diener Gottes dar, der sich durch seine Frömmigkeit und seinen Glauben an den einen Gott auszeichnet.[13] Der Bischof und der Kaiser haben sich erstmals 324 auf dem Konzil von Nicaea genauer kenenngelernt und seien voneinander beeindruckt gewesen.[14] Das erste Buch der *Vita Constantini* beginnt mit einer langen Einleitung, in der Eusebius seine Absicht und sein Ziel „allein das [...] was sich auf das Gott liebe Dasein erstreckt"[15] zu erzählen und zu schreiben, zum Ausdruck bringt. Dabei habe er nur das, was „das Passendste und für die <Menschen> nach uns Erwähnenswerte von dem, was auf uns gekommen ist"[16] ausgewählt. Die Glaubwürdigkeit und Verfasserschaft des Textes wird allerdings von einigen Geschichtsforschern in Frage gestellt.

---

8 Anm.: Presbyter (griech. "presbyteros"= „Älterer, Ältester) ist in der antiken Literatur und im Alten und Neuen Testament als Titel für den Träger eines kirchlichen Amtes bekannt.
9 Barnes 1981, S. 94.
10 Vgl. Barnes 1981, S.94.
11 Bleckmann 2007, S. 12.
12 Bleicken 1992, S.26.
13 Eusebius 2007: VC, 1,9,1.
14 Hermann-Otto 2007, S. 55.
15 Vgl. Eusebius, 1,11,1.
16 Vgl. Eusebius, 1,11,2.

2.3. Der Bericht des Eusebius über die Vision Konstantins

Im ersten Buch der umstrittenen *Vita Constantini* des zeitgenössischen Autors Eusebius werden in den Kapiteln 28-32 ausführlich die Himmelserscheinung des Kaisers am Tag vor der Schlacht und der nächtliche Traum, die ihm von Konstantin selbst mitgeteilt worden seien, geschildert. Demnach habe Konstantin am Vortag der Schlacht den christlichen Gott in Gebeten angerufen, „indem er sich ihm entgegenwarf und bat, ihm zu zeigen, wer er sei [...]"[17] Währenddessen sei dem Kaiser am Himmel ein aus Licht bestehendes Kreuz mit einer Schrift erschienen:

> „Um die Stunden der Mittagssonne herum, als sich der Tag schon neigte, habe er mit eigenen Augen, behauptete er, am Himmel selbst, über der Sonne befindlich, ein Wendemal eines Kreuzes, aus Licht bestehend, gesehen, und mit ihm eine Schrift verbunden, die besagte: ‚Durch dieses siege!'"[18]

Konstantin und sein gesamtes Heer seien von diesem Wunder erstaunt gewesen und Konstantin sei ratlos gewesen, was die Erscheinung zu bedeuten habe. In der Nacht habe sich Christus in dem Traum des Kaisers gezeigt und ihn aufgefordert, das Kreuzsymbol, welches er am Tag am Himmel gesehen hatte, als Abwehr gegen die Feinde nachzubilden.[19] Daraufhin habe der Kaiser am Morgen Künstler beauftragt, die Heerfahne seiner Armee mit dem Siegeszeichen anzufertigen[20], und sein Aussehen wird wie folgt beschrieben:

> „Ein hoher, mit Gold umkleideter Schaft hatte eine Querstange, in Gestalt eines Kreuzes gemacht; oben an der Spitze des Ganzen war ein aus kostbaren Steinen und Gold geflochtener Kranz befestigt, an dem zwei, den Namen ‚Christus' andeutende Buchstaben durch die ersten Lettern das Symbol der Heilands-(Retter-)Benennung anzeigten, wobei das Rho ganz in der Mitte vom Chi durchkreuzt wurde."[21]

Dieses Zeichen habe der Kaiser fortan als Abwehr gegen jede ihm kriegerisch gestimmte Absicht benutzt und seinen Soldaten befohlen, das Kreuzsymbol zu gebrauchen.[22] Der Kaiser sei so sehr von dem Anblick des Zeichens bestürzt gewesen, dass er beschlossen habe, „keinen anderen Gott als den geschauten zu verehren."[23] Konstantin habe von diesem Zeitpunkt an danach verlangt, „sich <durch Lektüre> dem Kennenlernen der göttlichen Schriften zu widmen"[24].

---

17 Eusebius, 1,28,1.
18 Vgl. Eusebius, 1,28,2.
19 Vgl. Eusebius, 1,29.
20 Vgl. Eusebius, 1,30.
21 Vgl. Eusebius, 1,31,1.
22 Vgl. Eusebius, 1,31,2.
23 Vgl. Eusebius, 1,32,1.
24 Vgl. Eusebius, 1,32,2.

2.4. Analyse des antiken Berichts über die konstantinische Vision

Wie bereits erwähnt, ist die *Vita Constantini* des Eusebius aus verschiedenen Gründen fragwürdig. Genannt seien hierzu vor allem die Autorschaft und Glaubwürdigkeit des Werks, da das Entstehungsdatum, der Visionsbericht und die Inschrift auf dem Konstantinsbogen für Historiker genug Diskussionsbedarf über die Texte des Eusebius bieten.

Hieronymus, der 347 n. Chr. geboren wurde und Kirchenvater der alten Kirche war, übersetzte und überarbeitete die Werke des Eusebius. In seiner Liste der Werke des Eusebius erwähnte er jedoch die *Vita Constantini* nicht, so dass bereits im 17. Jahrhundert die Verfasserschaft des Eusebius angezweifelt wurde.[25] Da aber Hieronymus darauf hingewiesen habe, dass seine Werkliste nicht vollständig sei, konnte diesem Argument nicht lange standgehalten werden.[26] Diese Zweifel wurden dann in der ersten Hälfte des 20. Jahrhunderts wieder neu ausdiskutiert, allerdings mit einer neuen Interpretation, die von Henri Gregoire hervorging, nämlich die falsche Schilderung der Ereignisse über die Vision Konstantins.[27] Seine These besagt, die Vision Konstantins sei lediglich eine Kopie der paganen Vision beim anonymen Panegyriker von 310 n. Chr.[28] Seine Vermutung, dass die Himmelsvision Konstantins auf astronomische Konstellationen oder atmosphärische Luftspiegelungen, die sich 312 ereigneten, zurückzuführen sei, wird von vielen Historikern zurückgewiesen, da diese Theorie sich nur auf die späte Schrift des Eusebius beziehen könne und der Bericht des Laktanz, der dem Ereignis zeitlich näher ist, nicht von einer Vision erzählt, sondern einem nächtlichen Traum.[29] Laktanz, Kirchenvater und zeitgenössischer Autor, schrieb ebenfalls in seiner Schrift *De mortibus persecutorum* über den göttlichen Beistand in der Schlacht, der Konstantin zum Sieg verhalfen habe. Sein Bericht entstand bereits zwischen 313 und 316 n. Chr., und schildert das Ereignis ganz anders als Eusebius in seinem sehr viel später erschienenen Werk. So ist in dem Bericht des Laktanz die Rede von einem Traum, nicht aber einer Himmelserscheinung:

„Aufgefordert wurde da im Schlafe Konstantin, das himmlische Zeichen Gottes auf die Schilde setzen zu lassen und so in den Kampf zu ziehen. Er verfuhr wie befohlen, und indem er den Buchstaben X umlegte und seine Spitze umbog, setzt er Christi Zeichen auf die Schilde.“[30]

---

25 Bleckmann 2007, S. 11.
26 Vgl. Bleckmann 2007, S.11.
27 Gregoire 1974, S. 202.
28 Vgl. Gregoire 1974, S.202.
29 Vgl. Demandt 2006, S. 52. Diese Theorie wurde von dem Leipziger Professor Johann Albert Fabricius entwickelt und bereits 1781 von Edward Gibbon zurückgewiesen. Vgl dazu Gibbon, Edward: The history of the decline and fall of the Roman Empire. London 1838 Bd. 3, S. 231 ff.
30 Laktanz 2003, 44,5.

Anders als in Eusebius *Vita Constantini*, in der die Vision vor Beginn des Feldzugs angesetzt wird, ist in der älteren Version die Rede von einem christlichen Symbol „XP", dem Christogramm.

Die große zeitliche Lücke in der Überlieferung der Quelle des Bischofs von Caesarea lässt viele moderne Geschichtsforscher annehmen, dass Eusebius nicht der Autor des Werks gewesen sein könne.[31] So wird die Vision über die Lichtkreuzerscheinung selbst als eine Legende betrachtet, die Eusebius selbst unbekannt gewesen sei.[32] Es wird allerdings nicht ausgeschlossen, dass die Visionserzählung erst später entstanden ist, möglicherweise sogar von Konstantin selbst, um die Ereignisse vor der Schlacht logisch erklären zu können.[33] Während die Widersprüchlichkeit der beiden antiken Berichte über die Vision Konstantins einige Historiker zu der Ansicht verleitet, dass Konstantin das Christentum für seine politischen Zwecke instrumentalisiert habe, halten andere Geschichtsforscher eine solche Interpretation für falsch, denn eine Widerspruchsfreiheit sowohl in den Berichten der zeitgenössischen Autoren als auch im Verhalten des Kaisers dürfe man nicht erwarten, da Konstantin selbst aus einem pagan geprägten Umfeld stammte.[34] Eusebius von Caesarea behauptet, dass Konstantin ihm eidlich versichert habe, ein Kreuz aus Licht als Siegeszeichen gesehen zu haben.[35] Wieso ein Eid nötig war, bliebe auch unklar,[36] denn antike Herrscher sollen oft Visionserlebnisse gehabt haben, da der göttliche Beistand für sie Ehrgeiz, Identität und Errettung bedeutete und das eigene Schicksal vom Ausgang des Kampfes abhängig gewesen war.[37] Man glaubte zudem seit homerischer Zeit, dass der Wille Gottes sich in Träumen offenbare.

Konstantin und Eusebius hatten ab 324 ein engeres Verhältnis zueinander als vorher. So sei es sehr wahrscheinlich, dass Konstantin dem Bischof erst nach 324 über seine Vision erzählte, da im neunten Buch seiner Kirchengeschichte ein Gebet vor der Schlacht erwähnt wird, in keiner der vier Auflagen aber zwischen 313 und 325 ein Wort über eine Himmelserscheinung oder einen Traum verloren wird.[38] Der Kaiser habe Christus lediglich um Beistand in der bevorstehenden Schlacht gebeten und seinen Sieg über Maxentius vom göttlichen Beistand abgeleitet.

---

31 Vittinghoff 1953, S. 334.
32 Vgl. Gregoire 1974, S. 202.
33 Brandt 2006, S. 54.
34 Weber 2000, S. 276-277.
35 Vgl. Eusebius, 1,28,1.
36 Vgl. Demandt 2006, S. 50.
37 Barcelo 2004, S. 170-171.
38 Vgl. Hermann-Otto 2007, S. 56.

Im Kapitel 32 der *Vita* wird Konstantins Beschluss erläutert, keinen anderen Gott als den Gott der Christen zu verehren. Zu Lebzeiten Konstantins existieren allerdings keine eindeutigen Hinweise, die einen Aufschluss über die Hinwendung Konstantins zum Christentum nach der Himmelserscheinung geben.

Ein interessantes Untersuchungsfeld für Historiker stellt hierzu der Konstantinsbogen dar, auf das im Rahmen dieser Arbeit nicht gründlich eingegangen werden kann. Wichtig ist allerdings zu erwähnen, dass der Konstantinsbogen anlässlich des Sieges Konstantins über Maxentius errichtet wurde. Die Formulierung „instinctu divinitatis" der Inschrift auf dem Konstantinsbogen bezieht sich auf die „göttliche Lenkung"[39] des Ausgangs der Schlacht an der Milvischen Brücke, die ihm den Sieg vorhergesagt habe. Die Formulierung „instinctu divinitatis" spaltet die Meinung der Historiker über ihre Bedeutung. Zum Einen wird behauptet, dass Konstantin wusste, dass mit der göttlichen Eingebung der Christengott gemeint war.[40] Den Bogen habe er aus machtpolitischen Gründen vorwiegend mit heidnischen Bildern schmücken lassen, um das pagane Umfeld nicht zu befremden. Doch diese Hypothese halten viele Forscher für falsch, da hierzu eindeutige Belege vorzulegen seien. So sei „auf dem Bogen nichts zu finden, was als christlich gelten müsste."[41] Zum Anderen wird vermutet, dass sich Konstantin in einem langwierigen Prozess des Wandels befand.[42] Konstantin und der Senat haben sich demnach bewusst für eine neutrale Formulierung entschieden, um jedem selbst die Zuschreibung der göttlichen Machtfunktion zu überlassen. Dies hatte auch einen politischen Zweck, da der Kaiser die Anhänger der paganen Kulte, aber auch die des Christentums für seine Herrschaftsansprüche gebraucht hat.

---

39 Dörries 1954, S. 284.
40 Vgl. Brandt 2006, S. 60.
41 Thümmel 1998, S. 148.
42 Grünewald 1990, S. 79.

3. Fazit

Wertet man die vorangegangenen Kapitel aus, so wird deutlich, dass die Quelle des Kirchenvaters Eusebius verschiedene Betrachtungen hervorruft.

Zunächst hat die Quellenkritik aufgezeigt, dass die Originalquelle ausführlich über das zeitliche Geschehen informiert. Allerdings ergaben sich bei gleichem Quellenmaterial die unterschiedlichsten Bilder des Kaiser Konstantins, je nach Bewertung und Einordnung der Quelle. Obwohl es im Text des Eusebius heißt, dass es für Konstantin fortan nur den christlichen Gott gibt, sei in den Jahren nach der Himmelserscheinung Konstantins kein belegbarer Hinweis zu der Bekehrung oder gar Hinwendung Konstantins zum Christengott erkennbar.[43] So sind sich die Geschichtsforscher einig, dass es vonnöten sei, mit besonderer Sorgfalt und Skepsis an den Text des Eusebius heranzugehen.[44] In der Forschung stehen sich verschiedene Positionen unversöhnlich gegenüber. Die eine Gruppe erklärt den Text des Eusebius aufgrund der Übereinstimmung mit vielen anderen Dokumenten für eine reale Abbildung der Ereignisse und interpretiert die Vision als Wendepunkt im Leben des Kaisers. Diese Ansicht wird von einer Gegengruppe stark kritisiert, da die Widersprüchlichkeit seines Berichts mit dem Text des Laktanz und die Tatsache, dass er in seinem neunten Buch nichts über die Erscheinung am Himmel berichtete, unübersehbar seien. Aus einer dritten Ansicht geht hervor, dass Schlussfolgerungen über die Echtheit oder Fälschung des Textes von Eusebius aufgrund fehlender Belege nur Vermutungen seien und nicht als Behauptungen angebracht werden dürfen.

Bei genauer Forschung fällt auf, dass alle drei Positionen ihre Thesen mit der Inschrift auf dem Konstantinsbogen begründen. Dies allein zeigt schon, dass es unmöglich ist, eine Behauptung aus dem Visionsbericht des Eusebius schlusszufolgern. Dennoch ist an die Quelle des Eusebius mit Vorsicht heranzugehen, da der Kirchenvater den Kaiser als einen zum Christentum bekehrten Kaiser darstellt, obwohl Konstantin selbst sich in keiner Weise öffentlich dazu bekannt hat. Es ist aber auch falsch dem Visionsbericht die Echtheit gleich abzuerkennen, da die Wahrscheinlichkeit besteht, dass Konstantin Eusebius davon erst nach 324 erzählt hat und ihre späte Veröffentlichung vielleicht sogar so von ihm gewollt war. Obwohl die Verfasserschaft und Glaubwürdigkeit der *Vita* sehr umstritten ist, bietet sie die ausführlichste zeitgenössische Quelle zur Regierung Konstantins und insbesondere zu den Ereignissen im Jahr 312, so dass auf ihre Benutzung nicht verzichtet werden kann.

---

43 Vgl. Bleicken 1992, S. 35.
44 Leeb 1992, S. 130.

Quellenverzeichnis

Eusebius von Caesarea: De Vita Constantini. Über das Leben Konstantins. Übersetzt und kommentiert von Horst Schneider und eingeleitet von Bruno Bleckmann. Turnhout 2007 (Fontes Christiani 83).

Eusebios: Über das Leben des glückseligen Kaisers Konstantin. Herausgegeben, übersetzt und kommentiert von Paul Dräger, 2. durchgesehene Auflage. Oberhaid 2007 (Bibliotheka Classicorum 1).

Laktanz: De mortibus persecutorum – Die Todesarten der Verfolger. Lat./dt., übersetzt und eingeleitet von Alfons Städele. Turnhout 2003 (Fontes Christiani 43).

Literaturverzeichnis

Barcelo: Pedro A.: Constantin der Große. Visionär, Opportunist oder Pragmatiker? In: Mythen Europas. Schlüsselfiguren der Imagination, Antike von Andreas Hartmann und Michael Neumann (Hg.). Regensburg 2004.

Barnes, Timothy D.: Constantine and Eusebius. Cambridge 1981.

Bleicken, Jochen: Constantin der Große und die Christen. Überlegungen zur konstantinischen Wende. München 1992 (HZ, Beiheft 15).

Brandt, Hartwin: Konstantin der Große. Der erste christliche Kaiser. München 2006.

Demandt, Alexander: Wenn Kaiser träumen – Die Visionen Konstantins des Großen. In: Konstantin der Große. Geschichte–Archäologie-Rezeption. Internationales Kolloqium vom 10.-15. Oktober 2005 an der Universität Trier zur Landesausstellung Rheinland-Pfalz 2007 „Konstantin der Große" von Alexander Demandt und Josef Engemann (Hg.). Trier 2006.

Dörries, Hermann: Das Selbstzeugnis Kaiser Konstantins. In: Abhandlungen der Akademie der Wissenschaften in Göttingen. Philologisch-historische Klasse, Dritte Folge, Bd. 34. Göttingen 1954.

Girardet, Klaus Martin: Die konstantinische Wende. Voraussetzungen und geistige Grundlagen der Religionspolitik Konstantins. Darmstadt 2006.

Gregoire, Henri: Die „Bekehrung" Konstantins des Großen. In: Konstantin der Große von Heinrich Kraft (Hg.). Darmstadt 1974 (Wege der Forschung Bd. 131).

Grünewald, Thomas: Constantinus Maximus Augustus. Herrschaftspropaganda in der zeitgenössischen Überlieferung. Stuttgart 1990 (HISTORIA, Einzelschriften Heft 64).

Hermann-Otto, Elisabeth: Konstantin der Große. Darmstadt 2007 (Gestalten der Antike).

Leeb, Rudolf: Konstantin und Christus. Die Verchristlichung der imperialen Repräsentation unter Konstantin dem Großen als Spiegel seiner Kirchenpolitik und seines Selbstverständnisses als christlicher Kaiser. Berlin 1992.

Piepenbrink, Karen: Konstantin der Große und seine Zeit. Darmstadt 2002.

Thümmel, Hans Georg: Die Wende Constantins und die Denkmäler. In: Ekkehard Mühlenberg (Hg.): Die Konstantinische Wende. Gütersloh 1998.

Vittinghoff, Friedrich: Eusebius als Verfasser der "Vita Constantini". In: "Rheinisches Museum für Philologie" 96. 1953.

Vogt, Joseph: Constantin der Große und sein Jahrhundert. München 1949.

Weber, Gregor: Kaiser, Träume und Visionen in Prinzipat und Spätantike. Stuttgart 2000.